AF495099

M. [illegible] rue des fossés St Victor 30

21 avril 1845

Cabinet

de

M. F. DEBOIS.

Ordre

DES VACATIONS.

PARIS,

IMPRIMERIE DE VINCHON,

RUE J.-J. ROUSSEAU, 8.

1845

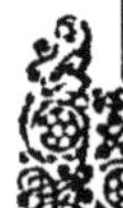

ORDRE DE VACATION

De la troisième et dernière Partie

DE LA

VENTE AUX ENCHÈRES

DE LA

RARE ET PRÉCIEUSE COLLECTION

D'ESTAMPES ANCIENNES ET MODERNES,

DES GRAVEURS LES PLUS CÉLÈBRES

DE TOUTES LES ÉCOLES DU XVe AU XIXe SIÈCLE,

Composant le Cabinet de

Mr F. DEBOIS.

La vente de cette troisième et dernière partie, composée des lettres N à Z du n° 751 à 1311 du Catalogue, aura lieu les Lundi 21 avril et les cinq jours suivants, à midi,

HOTEL DES VENTES,

Place de la Bourse, n° 2, grande salle n° 1, au 1er étage, par le ministère de Mes COMMENDEUR *et* DOUCHET, *commissaires-priseurs.*

Exposition publique les samedi 18 et dimanche 19 avril, de midi à cinq heures, et le matin de chaque vacation, de onze heures à midi.

Se distribue :

A PARIS, chez DEFER, marchand d'estampes, expert dirigeant la vente, quai Voltaire, 19.

A l'Étranger :

A LONDRES,
- M. DOMINIQUE COLNAGHI, marchand d'estampes, Pall Mall East, 14;
- M. SMITH, marchand d'estampes, Lille-Street. Leicester-Square, 21;

A LEIPSICK, M. RUDOLPHE WEIGEL;
A AMSTERDAM, M. F. BUFFA et Ce, marchands d'estampes du Roi;
A MANHEIM, MM. ARTARIA et FONTAINE, marchands d'estampes;
A LIÉGE, M. VAN-MARCK, marchand d'estampes.

1845.

CONDITIONS DE LA VENTE.

Il sera perçu cinq pour cent en sus des enchères, applicables aux frais.

L'exposition mettant à même Messieurs les Amateurs et Marchands de juger de la qualité et conservation des Estampes, il ne sera admis aucun cas rédhibitoire, une fois l'adjudication prononcée.

M. Defer se chargera des commissions de la France et de l'Étranger.

Abréviations.

Épr. av[t] l. l. — pour épreuve avant la lettre.
Collect. — pour collection.
D'apr. — pour d'après.

AVERTISSEMENT.

Cette troisième et dernière partie n'est pas moins intéressante et variée que les deux premières (*), et nous espérons que les amateurs français disputeront encore aux étrangers, avec le même succès, les estampes remarquables qui la composent, tellesque les plus belles pièces de MARTIN SCHONGAUER, des morceaux rares d'anciens graveurs italiens, ROBETTA, NICOLETTO DE MODÈNE, ZOAN ANDRÉ, RIBERA, etc. Les plus belles eaux-fortes de REMBRANDT, VAN VLIET, OSTADE, PAUL POTTER, VAN DE VELDE, VERSCHURING, RUISDAEL, ROOS, TENIERS, STOOP, VAN EECKOUT, SAFT-LEVEN, SUANEVELT, son œuvre au grand complet, etc. Les belles compositions de RUBENS, par PONTIUS et VORSTERMAN; les beaux portraits de C. VISSCHER et SUYDEROËFF. La suite des productions de nos anciens graveurs français, PESNE, POILLY, SPIERRE, NATALIS, VAN SCHUPPEN, STELLA, NANTEUIL et ROULLET, et les œuvres des plus habiles burinistes français et étrangers de la fin du XVIIIe au XIXe siècle, G. WILLE, STRANGE, W. WOOLLETT, VIVARÈS, PORPORATI, RICHOMME, TOSCHI, TARDIEU, etc., etc.

(*) La deuxième partie a produit 76,300 francs; les cent cinquante-et-une estampes de Marc-Antoine et de ses élèves sont comprises dans cette somme pour 45,950 francs; les plus belles pièces ont été acquises par la Bibliothèque Royale et les amateurs français, MM. Delessert, Dutuit, Simon, Delassalle, etc. Deux Marc-Antoine de cette collection ont été payés (la Cène 2,900 fr., le Jugement de Pâris 3,350 fr.) plus que l'œuvre entier à la vente Mariette, en 1775. Cet œuvre, dont la réunion était l'ouvrage de plus d'un siècle, se composait de sept cent vingt-quatre pièces, plusieurs avec différences, et la suite si rare des vingt pièces des Amours des Dieux, ainsi qu'une autre suite de dix; ces deux suites n'ont été décrites dans aucun catalogue. Le tout fut adjugé à Joullain, marchand d'estampes, pour la somme de 4,600 livres.

ORDRE DE VACATION.

TROISIÈME PARTIE.

PREMIÈRE VACATION.

Corneille Schut.

Nos du Catal. 1095. Le couronnement de la Vierge.

Salvador.

1059. Le fils de Rubens, d'après Rubens, épr. av^t^ l. l.

Saint-Aubin.

1057. Portrait de Necker, d'apr. Duplessis, épr. papier de Chine.

1058. Portrait de Le Kain, rôle d'Orosmane, épr. av^t^ l. l.

Van Sompel.

1102. Marie de Médicis, d'apr. Van-Dyck.

1103. Adolphe de Nassau.

Charles Simonneau.

1097. Mariage du duc de Bourgogne, d'après S. Leclerc, épr. av^t^ l. l.

1097 *bis*. L'Entrée de Jésus dans Jérusalem, d'apr. Ch. Lebrun, épr. av^t^ l. l.

1098. Jésus et la Magdeleine, d'apr. A. Coypel.

Robert Nanteuil.

754. Moïse, d'apr. Ph. de Champagne (n° 302 du peintre graveur Français *), épr. av[t] l. l.

755. Les quatre évangélistes (7), 1er état.

756. La même estampe, 2me état et 3me état.

757. Jacques Amelot (19), 1er état.

758. Anne d'Autriche (23), 1er état.

759. Dreux d'Aubray (25).

760. Louis de Bailleul (27), 1er état.

761. A. Barberin (28), 1er état.

762. Le même personnage (30).

763. A. Barillon de Morangis (31).

764. Beaumanoir de Lavardin (34), 1er état.

765. Pompone de Bellièvre (37), rare épreuve du 1er état.

Joseph Ribera dit l'Espagnolet.

1010. Le corps mort de Jésus pleuré par la Magdeleine (B. 1).

1011. Saint Jérôme (3).

1012. Saint Jérôme (4).

1013. Saint Jérôme (5).

1014. Martyre de saint Barthélemy (6).

1015. Saint Pierre pleurant son péché (7).

1016. Un Poète couronné de lauriers (10).

1017. Silène couché près d'une cuve (13).

Robetta.

1025. Caïn et Abel, pièce rare non décrite par Bartsch.

(*) Le Peintre-Graveur Français, par M. Robert Dumesnil. Paris 1836 à 1844, VII volumes in-8° parus, prix : 6 fr. chaque, chez Defer. 4

1026. Caïn tuant Abel, pièce rare non décrite.

1027. L'Adoration des rois (6).

Zagel ou Zink.

1310. Salomon adorant les idoles (1).

1311. L'Embrassement (19), rare épreuve signée de Bartsch.

— * Tournoi fait à Munich (14), morceau rare.

1312. Les soldats (20).

Nicoleto de Modène.

863. Vulcain dans sa forge (52).

864. Vulcain forgeant des armes, pièce inédite.

— * Léda (46), jolie pièce du maître.

Paul Potter.

925. Différents chevaux, suite de cinq estampes (9 à 13), rares et belles épreuves.

926. Le vacher (14), av[t] l'adresse de de Witt.

927. Le Berger (15), rare épr. av[t] l'adresse de *Clément de Jonghe.*

Jacques Ruisdaël.

1042. Les voyageurs (4), première et rare épr. av[t] les travaux sur le ciel.

1043. Les trois chênes (6).

Rembrandt.

936. Portrait de Rembrandt (B. n° 8).

— * Portrait de Rembrandt tenant un sabre (18.)

— * Portrait de Rembrandt, appuyé (21).

937. Portrait de Rembrandt (23).

(*) Toutes les estampes marquées de cet astérisque (*) et ne portant pas de numéro, ne sont pas portées au catalogue, ayant été acquises depuis sa rédaction.

938. Adam et Ève (28).

939. Abraham qui reçoit les trois anges (29); épr. sur papier de Chine.

940. Abraham avec Isaac (34).

941. Joseph racontant ses songes à son frère (37); 1er état.

942. Mardochée (40), très belle épr.; cabinet *Dufresne.*

943. L'Annonciation aux bergers (43), ancienne épr. retouchée à l'encre de Chine.

944. La Vierge et l'Enfant-Jésus sur des nuages (61).

945. Jésus-Christ prêchant au peuple, pièce dite *la petite Tombe* (67); très belle épr. du 2me état.

946. Jésus-Christ chassant les vendeurs hors du temple (69); 1er état.

Stoop.

1109. Différents chevaux, suite de douze pièces (1 à 12); 1res épr. avant les numéros.

1110. L'âne et le cheval, pièce non décrite par Barstch.

P.-P. Rubens.

1040. Sainte Catherine (15).

1041. Magdeleine pénitente (28).

1041 *bis.* La vieille à la chandelle (46).

Volpato.

1226. Les chambres du Vatican, d'après Raphaël; suite de huit pièces, une est gravée par R. Morghen. Très belles épr. avt l. l.

Richomme.

1018. La Sainte-Famille, d'après Raphaël, épr. d'artiste avt l. l. sur papier de Chine.

1019. Galatée sur les eaux, d'après Raphaël, 1re épr. dite d'artiste, avt toute l.; papier de Chine.

1020. Thétis portant l'armure d'Achille, d'après Gérard; épr. d'artiste avt toute l., papier de Chine.

1021. Le silence de la Vierge, d'après An. Carrache; épr. avt toute l., papier de Chine.

Vorsterman.

1227. Nativité (Basan, n° 6), d'après Rubens.

1228. Sainte-Famille, d'après Raphaël.

1229. La Vierge au Rosaire, d'après le Caravage.

1230. La descente de croix, d'après Rubens (99), très belle épr. avt l'adresse.

1231. Le Christ mort, d'après Van-Dyck, très belle épr. avt la 3me ligne, des cabinets *Mariette, Saint-Yves et M. Revil.*

1232. Le martyre de saint Laurent (37), P. P. Rubens. Belle épr., signée *Mariette.*

Paul Pontius.

914. Suzanne et les vieillards (34), d'après Rubens.

915. Portement de croix (75).

916. Saint Roch (44); belle ép., collect. de M. *Robert-Dumesnil.*

917. Thomiris (22).

918. Diane endormie dans une campagne; épr. avt le nom de Pontius.

919. Philippe IV, roi d'Espagne, d'après Rubens (n° 16); épr. av. la moustache rallongée.

920. Portrait de Henri Vanden-Berghe, d'après Van-Dick; 1re épr. avt l'adresse de A. Bon-Enfant et avt le mot *Régis.*

Porporati.

921. Suzanne au bain, épr. av[t] l. l.

921 *bis.* Agar et Ismaël, très belle et rare épr. av[t] l. l.

222. Le coucher, d'apr. Vanloo, épr. av[t] l. l.

923. Petite fille au chien, d'apr. Greuze, épr. av[t] l. l.

924. Le bain de Léda, d'apr. le Corrège, épr. av[t] l. l.

F. de Poilly.

901. La vision d'Ezéchiel, d'apr. Raphaël.

902. Saint Jean, d'apr. Le Brun, épr. av[t] l. l.

903. Sainte-Vierge et l'Enfant-Jésus, d'apr. Mignard, très belle épr. signée Mariette.

904. Saint Charles communiant les pestiférés, d'apr. Mignard ; 1re épr. où le saint administre de la main gauche. Collection *Scitivaux.*

905. La Vierge au berceau, d'apr. Raphaël, belle et rare épr. av[t] les contretailles sur le jupon de Sainte Anne. Collect. *Bordage* et *Scitivaux.*

906. La Vierge au linge, d'apr. Raphaël, 1re épr. av[t] les contretailles sur le voile que lève la Vierge.

Martin Rota.

1037. Le Jugement universel (28), 1re et rare épr., avec les mots *Lucae Guarinony.* Collect. de l'Orangère.

1038. Le martyre de saint Pierre, d'apr. le Titien, 1re épr. avec les mots *Lucae Guarinony.*

1039. Le Jugement dernier, d'apr. le Titien.

Robert Nanteuil.

766. Charles Benoise (38).

767. François Blanchart (39), 1er état.

768. Bochart de Saron (42).

769. Gilles Boileau (43).

770. Louis Boucherat (46).

771. Frédéric, duc de Bouillon (49).

772. Godefroy, duc de Bouillon (50).

773. Le cardinal de Bouillon (51).

Pierre Savart.

1060. D'Alembert, Bayle, P. de Bernis, Buffon, Catinat, épr. av^t toute l. Christian VII, Colbert, 1re adresse. Labruyère, av^t toute l. J. de La Fontaine, N. de Livry, trois différents états. Montesquieu, Richelieu, épr. av^t l. l. Le Tasse, av^t l'adresse. Diane et Endymion, épr. av l. l. 16 estampes.

Georges-Frédéric Schmidt, de Berlin.

1068. Louis de la Tour d'Auvergne, comte d'Evreux (42).

1069. De la Tour, peintre (50).

1070. Pierre Mignard, peintre (59), épr. av^t les deux traits de burin.

1071. Nicolas Esterhazi, d'apr. Tocqué (78).

DEUXIÈME VACATION.

Rembrandt.

— * La Vierge et l'Enfant-Jésus sur des nuages (61).

— * Sainte-Famille (63).

— * Sainte-Famille (62). Collect. *Grave.*

— * Jésus au milieu des docteurs (68), 3e état.

— * Jésus en croix entre les deux larrons (79).

— * Jésus-Christ en croix (80).

— * Descente de croix (83).

— * Jésus mis au tombeau (86), 2e état.

— * Les disciples d'Émaüs (87), 2e état.

— * Les disciples d'Émaüs (88).

— * Jésus au milieu de ses disciples (89), belle épr. d'une pièce très rare.

Richard Van Orley.

866. Bacchus ivre, d'apr. Rubens (59).

R.-A. Persyn.

884. Portrait de Jean Valckii.

Guillaume Pether.

883. Un officier en cuirasse, d'apr. Rembrandt, avt l. l.

Georges Penez.

875. Les filles de Loth (20).

876. Médée et Jason. (71).

877. Mutius Scevola (74).

878. Marc-Curce (75).

879. Horace Coclès (80).

880. Virginius poignardant sa fille (84).

881. La prise de Carthage (86), rare épr. avt *Ant. Salamanque.* Collect. *Denon.*

882. Les triomphes, selon Pétrarque (117 à 122), suite de six estampes.

Robert Nanteuil.

774. Victor Le Bouthillier (54).

775. Le même personnage (55), 1er état.

776. Le même personnage (56).

777. Marie de Bragelone (57), 4ᵉ état.

778. Jacques de Castelnau (58).

779. Charles de Lorraine (63). Collect. *Mariette*, 1660.

780. Christine, reine de Suède (67).

781. Clermont-Tonnerre (68), 1ᵉʳ état. Collect. *Dufresne*.

782. Jean-Baptiste Colbert (71), 1ᵉʳ état très beau.

783. Le même personnage (74), 3ᵉ état.

Etienne Picart dit le Romain.

894. La résurrection du Lazare, d'apr. Jouvenet.

Bernard Picart.

895. Le massacre des innocents, 1ʳᵉ épr. avᵗ la couronne sur la tête d'Hérode et avᵗ la bordure continuée.

896. La même estampe, 2ᵉ état, avec la couronne.

Nicolas Pitau.

897. Sainte-Famille, d'apr. Raphaël, 1ʳᵉ épr. avᵗ la draperie.

898. Jésus et la Samaritaine, d'apr. Champagne, très rare épr. avᵗ l. l.

899. Denis Sanguin, évêque de Senlis, d'apr. Cl. le Fèvre.

Nicolas de Platte Montagne.

900. Pierre de Berulle, d'apr. Ph. de Champagne.

Jean Saenredam.

1044. La parabole des vierges sages et des vierges folles, suite de cinq estampes (2 à 6), 1ᵉʳ état, avᵗ l'adresse de Jansonius.

1045. Le prêtre à la fenêtre (8).

1046. Pièces emblématiques sur l'état des Provinces-Unies en 1602 (10).

1047. La baleine échouée sur les côtes de Bernevic (11),

première et très rare épr. non décrite par Bartsch, et que ne décrit pas non plus M. Weigel dans son supplément à Bartsch (*). Elle est avant les deux figures allégoriques de la Fortune renversée par la Mort, qui se voit dans le ciel. Elle est aussi avant l'adresse de Jansonius.

1048. Adam et Ève (35).

1049. L'antre de Platon (39), d'apr. Corneille de Harlem.

Natale Schiavoni.

1067. L'assomption de la Vierge, d'apr. le Titien, épr. av[t] l. l.

Maurice Steinla.

1107. Sanctissima Mater Dei, d'apr. Holbein; épr. av[t] l. l., elle est sur papier de Chine.

William Scharp.

1061. Les docteurs de l'église, d'apr. le Guide; épr. av[t] l. l.

1062. La sorcière d'Endor invoquant l'ombre de Samuel, d'apr. B. West; épr. av[t] l. l. sur papier de Chine.

1063. Sainte Cécile, d'apr. le Dominiquin; épr. av[t] l. l., avec l'année 1790, au lieu de 1791.

1064. La sortie de la garnison de Gilbraltar, d'apr. Trumbull; épr. av[t] toute l. Avec cette estampe seront vendues celle du n° 161, la mort du général Montgomery, par *Clémens*, et n° 747, la bataille de Bunckers Hill, près Bos-

(*) Supplément au Peintre-Graveur d'Adam Bartsch, recueilli et publié par Rudolph Weigel. *Leipzig*, l'auteur 1843, in-8°.

ton, par J.-G. Muller; ces deux estampes d'apr. Trumbull, sont aussi av^t toute lettre.

1065-1066. Charles II débarquant à Douvres, et Cromwell dissolvant le parlement, d'apr. B. West, la dernière gravée par HALL; épr. av^t l. l.

Martin Schongauer.

1077. L'adoration des rois (26); belle épr. av^t l'année 1482.

1078. Jésus-Christ portant sa croix au Calvaire (21); belle épreuve de la pièce capitale du maître.

1079. Jésus-Christ attaché à la croix (23).

1080. Jésus-Christ attaché à la croix; des anges recueillent son sang dans les calices (25); collect. de M. *Revil.*

1081. La Vierge assise à terre dans une cour (32); collect. de M. *Revil.*

1082. La mort de la Vierge (33); belle épr. d'une pièce capitale du maître.

Rembrandt.

947. Notre Seigneur guérissant les malades (74), dite la *Pièces aux cent florins.* 1er état de Bartsch, superbe épreuve sur papier du Japon, avec grande marge. Collect. de M. *Revil.*

948. La même estampe, épr. du 1er état de Bartsch; elle provient du cabinet du bourgmestre Six, ami de Rembrandt.

949. Ecce Homo (77); rare épr. du 2e état, avant les contretailles sur le visage du juif. Collect. de M. *Michel* de Marseille.

950. La même estampe; 3e état.

951. Jésus crucifié entre les deux larrons (78); pièce

dite *les Trois Croix*; belle et rare épr. du 2e état.

952. Jésus-Christ en croix (80).

953. La descente de croix (81); belle épr. du 2e état avant l'adresse; collect. de *Scitivaux*.

954. La même estampe, même état; collect. *Nau* et M. *Michel* de Marseille.

Herman Suanewelt.

1151. L'œuvre complet de ce maître (n° 1 à 116), plus deux douteuses et une pièce inédite, très rare; il y a les nos 66 à 69, 72, 81, 82, 109, 111 doubles avec différents, en tout 128 pièces; 1res épr. avec le mot *excudit*, et dans un bel état de conservation.

Herman Saft-Leven.

1050. Portrait de l'artiste (1).

1051. Pays montueux (17).

1052. Vaste pays où serpente une rivière (18).

1053. La maison au bas du rocher (21); morceau rare.

1054. L'entrée d'un bois (27).

1055. Vue d'une campagne à l'instant de la moisson; pièce non décrite par Bartsch, mais décrite dans Rigal.

Corneille Saft-Leven.

1056. Suite de douze estampes représentant des paysans et paysannes.

Robert Strange.

1111. Agar renvoyée par Abraham, d'apr. le Guerchin; épr. avt l. l.

1112. L'évanouissement d'Esther, d'apr. le Guerchin.

1113. L'annonciation à la Vierge, d'apr. le Guide; épr. av[t] l. l.

1114. Sainte-Famille où se voit saint Jérôme, dit le saint Jérome du Corrège; rare épr. av[t] l. l.; collect. *Scitivaux*.

1115. *Amoris Primitiæ*, d'apr. le Guide; épr. av[t] l. l.

1116. Saint Jean tressant une couronne d'épine d'apr. Murillo, épr. av[t] l. l.

1117. Enfant couché et endormi, d'apr. A. Van Dick; épr. av[t] l. l.

1118. La Magdeleine, d'apr. le Corrège; épr. av[t] l. l.

Jonas Suyderoëff.

1131. La paix de Munster, d'apr. Terburg.

1132. Les Bourgmestres d'Amsterdam, d'apr. Keyser; belle et ancienne épr.

1133. Le coup de couteau, d'apr. Terburg.

1134. Marche de Silène, d'apr. P.-P. Rubens (54); 1re épr. av[t] l'adresse de *Clément de Jonghe*.

1135. La même estampe avec l'adresse.

1136. Chasse aux lions et aux tigres (n° 2), superbe épr. des collect. *Naudet* et *Scitivaux*.

Michel Natalis.

861. Sainte-Famille, d'apr. N. Poussin, belle épr. av[t] la draperie.

862. La Vierge donnant le sein à l'Enfant-Jésus endormi, d'apr. S. Bourdon, belle épr. av[t] la draperie sur le sein de la Vierge.

Frédéric Schmidt de Berlin.

1072. La juive fiancée, d'apr. Rembrandt (128).

1073. Le père de la juive fiancée, d'apr. Rembrandt (129).

1074. Jésus guérissant la fille de Jaïre, d'apr. Rembrandt (165).

1075. Présentation au temple, d'apr. Dietricy (167).

1076. Les bons amis, d'apr. A. Van Ostade (160).

Robert Nanteuil.

784. Jean-Baptiste Colbert (75), belle épr. du 1er état.

785. Louis de Bourbon, prince de Condé (79).

786. Honoré Courtin (80), 1er état.

787. Louis Doni d'Attichy (83).

788. Jean Dorieu (84). Collect. *Nau*.

789. Comte de Dunois (86).

790. Les deux frères Pierre et Jacques Dupuy (89), 1er état.

791. Duc d'Enghien (90).

792. Duc d'Espernon (91), belle épr. du 1er état.

793. Bazile Fouquet (97).

Pierre Drevet.

— * Antoine Portail, d'après Tournier.

Gérard Audran.

— * Portrait d'un théologien, deux épr.; la première avant les coins de l'ovale teinté d'une seule taille, et avant les mots *Gérard Audran, faciebat ad viuum Roma* 1667, dans la bordure, et avec une seule ligne d'écriture dans la banderolle au bas du portrait. Rare.

TROISIÈME VACATION.

François Ragot.

930. Jésus au jardin des Oliviers.

M. Hypolite Prudhomme.

928. Scène de la St-Barthélemy, d'apr. M. Paul Delaroche, épr. av^{t} toute l., sur papier de Chine.

Pierre Soutman.

1104. Silène ivre, d'après Rubens.

Robert Nanteuil.

794. Jean Fronteau (99), 1er état.

795. Melchior de Gillier (102), belle épr. d'un état non décrit.

796. Comte de Guébriant (104), 2e état.

797. François Guenault (105).

798. Denis de la Barde (115).

799. Marin Cureau de la Chambre (116), 1er état.

800. Pierre Lallemant (117), 2e état.

801. Duc de la Meilleraye (118).

802. Louis Phelypeaux de la Vrillière (123), 3e état.

803. Michel Lemaslo (126), 1er état.

François de Poilly.

907. La Nativité, d'après le Guide; rare épr. avant les anges.

908. Sainte-Famille, d'après N. Poussin; rare épr. où l'Enfant-Jésus et le petit saint Jean ne sont que tracés.

909. La même estampe terminée et avec le titre et les armes du comte d'Hougton.

910. Louis XIV, d'après Mignard.

911. Portrait du maréchal de Fabert, d'apr. Ferdinand.

912. La Vierge faisant lire l'Enfant-Jésus, d'après Mignard, non décrite au catalogue de Hecquet.

Jean-Baptiste de Poilly.

913. Vénus apportant des armes à Énée, d'ap. Coypel.

Antoinette et Claudine Bouzonnet Stella.

1105. Rémus et Romulus, d'apr. Antoine Stella, 1er état avt le nom du peintre.

1106. Frappement du rocher, d'apr. N. Poussin.

Lucas Worsterman.

1233. Sujet familier, d'apr. Coster; épr. avt l. l.

1234. La bataille des paysans, d'apr. P. Breughel.

1235. Charles-Quint, d'apr. le Titien.

1236. Cosme de Médicis, d'apr. Rubens (43).

1237. Laurent de Médicis, d'apr. Rubens (44).

1238. Portrait du connétable de Bourbon, d'apr. le Titien.

1239. Thomas Morus, d'apr. Holbein.

Wenceslas Olmutz.

865. La mort de la Vierge, morceau rare.

Martin Schongauer.

1083. Saint Antoine enlevé par les démons (47), 1re épr. avt la prolongation des traits horizontaux jusqu'au milieu de l'estampe.

1084. Ecce Homo (69), 1re épr., où le monogramme est marqué hors l'arcade.

1085. Dieu assis sur son trône (70).

1086. Dieu couronne la Vierge (72). Collect. de M. *Robert-Dumesnil*.

— * Une des vierges sages (79).

1087. Une des vierges folles (87). Collect. *J. Barnard*.

1088. Jésus au milieu de six anges (appendice n° 6). Collect. de M. le *duc de Rivoli*.

Henri Roos.

1023. La bergère ( ), 1er et très rare état non décrit.

1024. Berger assis (38), 1re et rare épreuve, avec l'année 1660 au lieu de 1664. Collect. *Rossi* et *Revil*.

Rembrandt.

955. Descente de croix (83).

956. Jésus au tombeau (86), belle épr. du 2e état.

957. Le bon Samaritain (90), magnifique épr. du 1er état, où la queue du cheval est blanche et le mur du perron sans ombre et avant le nom de Rembrandt; cette épr. de la plus belle conservation, avec la marge du cuivre, des essais du burin et un essai du paysage sur le côté.

958. L'enfant prodigue (91).

— * Saint Pierre et saint Jean à la porte du temple (95).

959. Le martyre de saint Étienne (96).

960. Le baptême de l'eunuque (98).

961. La mort de la Vierge (99), belle épr du 2e état.

962. Saint Jérôme (102), belle épr. Collect. *Hisbert*.

— * Saint Jérôme (103).

963. Saint Jérôme (104), superbe épr., chargée de manière noire et barbes de la planche. Elle est sur papier du Japon.

— * La même estampe, aussi très belle épr. sur papier du Japon.

964. La fortune contraire (111), très belle épr. sans l'écriture au verso.

965. Chasse au lion (115).

966. Chasse au lion (116), très belle épr. avec les

barbes de la planche et les lettres E P que n'a pas signalées Bartsch.

967. Les musiciens ambulants (119).

968. Le vendeur de mort-aux-rats (121), belle épr. du 2e état.

— * Le petit orfèvre (123), deux épr., une sur papier du Japon.

969. La faiseuse de koucks (124).

Adrien Van de Velde.

1173. La chèvre couchée (16), belle épr. d'une pièce rare.

1174. Le berger et la bergère ( ), 1re épr. avt que la partie manquée à l'eau-forte ait été raccordée au burin.

Jean Van de Velde.

1175. Vaches et moutons, suite de cinq estampes (nos 11 à 15).

Lucas Van Uden.

1169. Paysage (5) 1re épr. avt les mots *Lucas Van Uden*, état non décrit.

1170. Pays d'une vaste étendue (29).

1171. Le grand chemin (42).

Jean George Wille.

1241. Mort de Cléopâtre, d'apr. Netscher, rare épr. avt l. l., seulement les armes. Collect. de M. *Karcher*.

1242. La cuisinière hollandaise, d'apr. Metzu, épr. avt l. l., seulement les armes.

1243. La tricoteuse hollandaise, d'apr. Mieris, épr. avt l. l. et avt les armes.

1244. La ménagère hollandaise, d'apr. Gérard Dow, épr. avt l. l.

1245. La gazetière hollandaise, d'apr. Terburg, épr. av[t] l. l., seulement les armes.

1246. La maîtresse d'école, d'apr. Wille fils, épr. av[t] l. l. av[t] les armes.

1247. La petite écolière, d'apr. Schenau, épr. av[t] l. l. av[t] les armes.

1248. Les deux mêmes estampes av[t] l. l., mais avec armes.

Raimbach.

931-932. Le jour des rentes et les politiques de village, deux estampes d'apr. D. Wilkie, 1re épr. av[t] l. l. et av[t] les armes, et sur papier de Chine; très rare.

933. Le doigt coupé, d'apr. Wilkie, épr. av[t] l. l. sur papier de Chine.

934. Le petit commissionnaire, d'apr. D. Wilkie, épr. av[t] l. l. sur papier de Chine.

935. La mère espagnole, d'apr. D. Wilkie, épr. av[t] l. l.

Stewart.

1108. Penny Wedding (la noce dans la grange) d'apr. Wilkie, épr. av[t] l. l. sur papier de Chine.

John Pye.

929. Le temple de Jupiter, d'apr. Turner, épr. av[t] l. l. papier de Chine; avec cette estampe sera vendu le n° 384, vue à Tivoli, d'apr. Turner, par *Goodall*, épr. av[t] l. l. papier de Chine.

Corneille Visscher.

1179. Le départ d'Abraham pour la Mésopotamie, d'apr. le Bassan.

1180. Dieu apparaît à Abraham, d'apr. le Bassan.

1181. La fricasseuse, 1re et belle épr. avt l'adresse de *Clément de Jonghe.*

1182. Le joueur de vielle, d'apr. A. Van Ostade ; superbe et vigoureuse épr. Collect. *Claussin et Revil.*

1183. Le marchand de mort-aux-rats, 1re épr. avt I. I.

1184. La Bohémienne, épr. avt I. I.

Robert Nanteuil.

804. Michel Le Tellier (129), 1er état.

805. Le même personnage (134), 1er état.

806. Le même personnage (136).

807. Le même personnage (137), belle épr. d'un 3e état inconnu à M. Robert-Dumesnil.

808. Charles-Maurice Letellier (139), 4e état.

809. Le même personnage (140) 1er état. collect. *Mariette.*

810. La Mothe Levayer (143), très belle épr. du 1er état avant les guillemets qui accompagnent l'année. Collect. *Rossi et de Scitivaux.*

811. Hugues de Lionne (146), 1er état.

812. Jules Paul de Lionne (147), 2e état.

813. Loménie de Brienne (148), 1er état.

Rembrandt.

— * Agar renvoyée par Abraham (32), morceau très rare. Collect. de M. *Robert-Dumesnil.*

— * Le sacrifice d'Abraham (35).

— * L'ange qui disparaît devant la famille Tobie (43).

— * La Nativité (45).

— * L'adoration des bergers (46).

— * La circoncision (47).

— * Fuite en Égypte (53).

— * Fuite en Égypte (55).

— * Fuite en Égypte (67), 2e état.

---

*QUATRIÈME VACATION.

Antoine Trouvain.

1168. Mlle Denise, femme Le Petit, avant les vers dans la tablette.

Antoine Rivalz.

1022. Suite de quatre vignettes pour le traité de peinture de *du Puy du Grez.*

Pierre Subleyras.

1130. La Magdeleine aux pieds de Jésus. Deux épreuves, une est 1re avt la retouche générale faite à la planche, et avant un trait de burin dans la marge à droite en avant du mot *extraordinirio.* Etat non décrit.

Jonas Suyderoeff.

1137. Fumeur et buveur près d'une table ; une femme assise tenant un verre, deux estampes d'apr. A. Ostade ; belle épreuve avec l'adresse de *Clément de Jonghe excudit.* Collect. de *Scitivaux.*

1138. Les trois commères, d'apr. Ostade, 1re épreuve avt les angles de l'ovale teinté.

1139. Les joueurs de trictrac sous la treille, d'apr. A. Ostade.

1140. Trois buveurs dans une tabagie, pièce nommée *Jean de Moff*.

1141. Querelle de joueurs, d'apr. A. Ostade, belle épreuve av[t] l'adresse de *Clément de Jonghe*.

Robert Nanteuil.

814. Jean Loret (150), très belle épreuve avant la virgule au mot Loret.

815. François Lottin de Charny (151), 1er état.

816. Louis XIV (153), 1er état.

817. La même estampe, 2e état.

818. Louis XIV (155), 1er état.

819. Louis XIV (157), 1er état.

820. Louis XIV aux pattes de lion (161), très rare épr. avec la thèse; état non décrit au catalogue.

821. Le même portrait sur la thèse, très rare épr. du 1er état décrit. Collect. *Scitivaux*.

822. Le marquis de Maisons (165).

823. Maillier du Houssaye (167), belle épr. du 2e état.

824. La même estampe, même état.

Jean Pesne.

885. Portrait de Nicolas Poussin (1), rare épr. av[t] l. l.

886. Le ravissement de saint Paul, d'apr. N. Poussin (12), rare épr. av[t] l'adresse de *Leblond exc.*, 1er état non décrit.

887. Évanouissement d'Esther, d'apr. N. Poussin (14), épr. av[t] l'adresse de Vallet.

888. La Sainte-Famille servie par les anges, d'apr. N. Poussin (16); très rare épr. av[t] l. l. et avant que les travaux qui ombrent le visage de la

femme qui est dans le fond n'aient été ébarbés. Collect. *Gérard*.

889. La mort de Saphire, d'apr. N. Poussin (19), épr. av[t] l'adresse de Drevet.

890. Les sept sacrements de l'Eglise, d'apr. N. Poussin, suite des sept estampes premières et rares épr. avant les adresses d'Audran, avec des remarques particulières à la Confirmation, l'Eucharistie et le Mariage (voyez le catalogue). Collect. *Rigal* et *M. Rossi*.

891. La même suite, aussi très belle épr. av[t] les adresses d'Audran, mais les corrections faites aux trois estampes, désignées à la suite précédente. Collect. *Scitivaux*.

892. Le testament d'Eudamidas (29), d'apr. N. Poussin, 1re et rare épr. av[t] les contretailles sur la lance. Collect. de *Scitivaux*.

993. Portrait de François Langlois, dit de Ciartres, d'apr. A. Van-Dyck (97), épr. av[t] l. l.

— ' Le triomphe de Galatée, d'apr. N. Poussin, rare épr. av[t] la draperie ( ). Collect. *Gérard*.

Adrien Van Ostade.

867. Le départ pour le marché (12), deux épr., une avant le trait carré renforcé.

868. La grange (23), deux épr.; une avant les contretailles sur la poutre et avant le trait carré rentré au burin, remarque inconnue à Bartsch.

869. Un peintre dans son atelier ( ), belle et rare épr., où le bonnet du peintre est plus élevé et où le mot *excud.* ne se trouve pas à la suite du nom d'Ostade.

870. L'épouilleuse (35), belle ép. d'une pièce rare.

871. Le charcutier (41), 1re épr. avant des travaux sur différentes parties de la composition.

872. Le charlatan (43), 1er état, où il n'y a, à gauche, dans le fond, qu'un homme et un enfant.

873. Le joueur de violon (44), ancienne épr.

— * La famille (46), trois épr.; la 1re épr., d'eau forte pure; la 2e, plus travaillée, mais avant des contretailles dans la solive au plafond; la 3e, avec ses contretailles.

874. Le goûter hollandais (50), 1re et rare épr. moins travaillée et avt l. l. Collect. *Revil.*

Rembrandt.

981. Vue ancienne d'Amsterdam (210), belle épr.; le fond sale des barbes de la planche. Collect. *Dufresne.*

982. La même estampe, le fond nettoyé.

983. Le paysage aux trois arbres (212), superbe épr., vigoureuse de ton.

984. Le paysage aux trois chaumières (217), 1re et rarissime épr. du 1er état, avant les contre-tailles sur le toit de la 3e chaumière, et aussi sur le chemin en avant des chaumières; elle est couverte des barbes de la planche. Collect. *Claussin.*

985. La même estampe, 2e état, plus travaillée.

986. Paysage à la tour (223), belle épr. du 2e état.

987. La chaumière et la grange à foin (225), superbe épr. signée de *Bartsch*, et des collections *Poggi* et *duc de Rivoli.*

— * La même estampe (225).

988. La chaumière au grand arbre (226), belle épr. Collect. *Poggi* et *duc de Rivoli.*

989. La chaumière entourée de planches (232), belle épr. du 2e état.

Zoan Andrea.

1313-1314. Sujet allégorique (16 et 17), deux estampes très rare, d'apr. Mantègne. Collect. *Revil.*

François Spierre.

1101. La Vierge et l'Enfant-Jésus et saint Joseph, d'apr. Le Corrège, 1re et très rare épr. avt l. l., avant des petits arbres dans le fond et avant les draperies sur le sein de la Vierge et sur l'Enfant-Jésus.

Paul Toschi.

1164. Entrée d'Henri IV dans Paris, d'apr. Gérard, 1re épr. avt l. l., avant quelques travaux sur le collet de l'homme à gauche, les mains jointes, et avant ceux sur l'étendart que tient le guerrier placé derrière le roi; elle est sur papier de Chine.

1165. *Lo spasimo di Sicilia,* d'ap. Raphaël, belle épr. avt toute l., avant plusieurs contretailles dans la terrasse, la marge couverte d'essai de burin; elle est sur papier de Chine.

1166. La même estampe avt l. l., le titre tracé.

1167. Vénus et Adonis, d'apr. l'Albane, épr. avt l. l.

Jean-Georges Wille.

1250. L'instruction paternelle, d'ap. Terburg, rare épr. avt toute l. et avant les armes.

1251. La même estampe avt l. l., mais avec les armes. Collect. *Devos, d'Amsterdam.*

1249. Le concert de famille, d'après Schalken.

1252. Les musiciens ambulants, d'apr. Dietricy, très rare épr. av^t toute l. et avant les armes.

1253. Les offres réciproques, d'ap. Dietricy, rare épr. av^t toute l. et avant les armes.

1254. Les deux mêmes estampes, av^t la l. avec les armes.

1255. Le petit physicien, d'apr. G. Netscher, épr. av^t l. l.

1266. Portrait de N. Largillière, épr. av^t l. l.

1267. Charles-Frédéric, margrave de Bade, d'apr. Guillebaud.

1268. F. Anne de Neufville, duc de Villeroy, d'apr. Jean Chevalier.

1269. Joseph Parrocel, d'apr. Rigaud.

1270. Le comte de St-Florentin, d'apr. Tocqué, belle épr. avant le mot ministre et avec les maillets blancs.

1271. Bernard Belidor, d'apr. Louis Vigée.

William Woollett.

1280. Mort du général Wolff, d'apr. B. West; épr. av^t l. l.

1281. La bataille de la Hogue, d'apr. B. West, épr. av^t l. l.

1282. Portrait de Rubens, d'apr. Van-Dyck, épr. av^t l. l.

1283. Le temple d'Apollon, d'apr. Claude le Lorrain, épr. av^t l. l.

1284. Les édifices romains, d'apr. Claude le Lorrain, épr. av^t l. l.

1285. Jacob et Laban, pièce dite *le Grand Pont*, épr. av^t l. l. Avec cette estampe seront vendus le n° 142, Apollon et la Sybille, d'apr. Salvator Rosa, par Browne; n° 141, l'adoration du veau d'or, d'apr. Claude le Lorrain; n° 681, amusement des bergers, d'apr. Berghem, par Midimman; n° 1099, Moïse sauvé des eaux, d'apr. Zuccharelli, par Smith.

1286. La petite forêt, d'apr. G. Poussin, rare épreuve av^t l. l., avec les initiales au crayon W. de la main de Woollett.

1287. L'eau-forte de la petite forêt par John Browne; on lit au crayon, de la main de Woollett, les mots suivants : *to the of Fourvansault from his most servant* W. *Woollett.*

1288. Saint Jean et la Magdeleine, d'apr. An. Carrache, épr. av^t l. l., les initiales W. W. au crayon de la main de Woollett.

1289. Diane et Actéon, d'apr. Ph. Lauri, épr. av^t l. l., papier de Chine.

Jean-Louis Roullet.

1028. Le corps mort de Jésus étendu sur les genoux de la Vierge, d'apr. An. Carrache, 1re et rare épr. av^t l. l., av^t le *cum priuil. regis*, et av^t que la draperie qui tombe sur le bras droit de la Vierge n'ait été continuée.

1029. La même estampe, av^t l. l., mais avec le *cum priuil. regis*, et la draperie continuée.

1030. Mariage de sainte Catherine, d'apr. Mignard, épr. av^t l. l.

1031. Les saintes femmes au tombeau du Christ, sujet dit les trois Marie.

1032. La Vierge au raisin, d'apr. P. Mignard, épr. av^t l. l.

1033. La Vierge au livre, d'apr. An. Carrache, épr. av^t l. l.

1034. François Poilly, graveur.

1035. Hilaire Clermont, épr. av^t le nom du personnage dans la tablette.

1036. François Michel, maréchal-ferrant, épr. av^t l. l.

Rembrandt.

970. Le jeu de kolef (125).

— * La même estampe.

971. Le charlatan (129), collect. de MM. *Robert-Dumesnil* et *Revil.*

972. Le dessinateur (130).

973. Le joueur de cartes (136), belle épr. av^t le fond raccordé.

974. Le patineur (156), morceau d'une grande rareté.

975. Gueux assis sur une motte de terre (174).

— * La même estampe (174), deux épreuves, une avec le fond sale, plus une copie trompeuse.

976. L'aumône à la porte d'une maison (176).

— * L'espiègle (188), 3e état.

— * Le vieillard endormi (189), belle épreuve d'un morceau rare.

— * L'homme qui pisse (190).

— * La femme qui pisse (191).

977. Le dessinateur (192).

978. La femme au poêle (197), belle épr. du 3e état.

979. Vénus au bain (201).

980. La négresse couchée (205).

Robert Nanteuil.

825. Pierre Maridat (168).

826. Marin de la Chataigneraye (170), 1er état, collect. *Mariette.*

827. La même estampe, même état.

828. Michel de Marolles (171), 1er état.

829. Matignon, évêque de Coutances (172), 1er état.

830. Jean de Maupou (173), 2e état.

831. Cardinal de Mazarin (175), 1er état.

832. La même estampe, même état.

833. Le même personnage (180), 1er état.

834. La même estampe, 3e état.

CINQUIÈME VACATION.

M. Siehling.

1096. Portrait de Murillo.

Corneille Vermeulen.

1176. *Jacobus Sirmondus.*

Henri Nicolas Tardieu.

1152. Vulcain montrant à Vénus les armes qu'il a forgées pour Énée.

Pierre Alexandre Tardieu.

1153. Henri IV, d'après Porbus, épr. avt l. l., seulement les armes.

1154. Henri IV enfant, d'apr. Janet, épr. avt l. l.

1155. Christine, reine de Suède, épr. avt l. l.

1156. Le comte d'Arundel, d'apr. Van-Dyck, épr. avt l. l., le titre en lettres anglaises.

David les Teniers.

1157. Un villageois assis à une table caresse une femme assise près de lui (nº 13 du catalogue Régal). épr. avt les lettres D. T.

1158. Intérieur d'une cuisine (14).

1159. Les joueurs de cartes (20), épr. avt I. I. D. T.

1160. La même estampe avec I. I. D. T.

1161. Une vieille et une paysanne se chauffent à peu de distance d'une grande chaumière (24).

1162. Paysan debout son chapeau à la main (36).

1163. Vieille lisant son chapelet (31).

Waterloo.

1240. Quatre paysages nos 60, 62, 63, 64.

Robert Nanteuil.

835. Mazarin (182).

836. Le même personnage (184), 1er état.

837. Le même personnage (185), d'apr. Mignard, 1er état Collect. *Storck de Milan.*

838. Gilles Ménage (188), 1er état.

839. Edouard Molé (193).

840. François Molé (195).

841. Henri de Lorraine, marquis de Mouy (197), 1er état.

842. Henri, duc de Nemours (198), 1er état.

Jérôme Vierix.

1178. Henriette de Balzac d'Entragues, duchesse de Verneuil.

Corneille Visscher.

1191. Portrait de Corneille Visscher.

1192. André Deonyzoon-Winius, dit l'Homme-au-Pistolet; rarissime épr. av[t] l. l., avant le chiffre 1000 sur la barrique et avant les tailles et l'écriture sur la feuille de papier que tient le personnage. Collect. *Van-der-Leyden*, *Vamputen*, *Demon* et *Scitivaux*.

1193. La même estampe, très rare épr. avec le nom du personnage, le chiffre 1000 sur la barrique et l'écriture sur le papier.

1194. Gellius Bouma, 1re et rare épr. avant l'écriture sur le livre dit *au livre blanc*.

1195. Guillaume de Ryck, 1re et rare épr. av[t] l. l.

1196. Vondel, poète hollandais, 1re et rare épr. av[t] l. l., avec la statue du faune.

1197. La même estampe, 2e épr. av[t] l. l.; la statue du faune est remplacée par celle de la Foi.

Henri Verschuring.

1177. Les voyageurs (2), très belle et rare estampe.

Pierre Van Schuppen.

1089. Sainte-Famille, d'ap. S. Bourdon, très belle épr avant la draperie.

1090. Monsieur, frère de Louis XIV, d'apr. Nocret.

1091. Marguerite de Lorraine, petite-fille de René de France.

1092. Mazarin, d'apr. P. Mignard.

1093. Gabriel-Nicolas de la Reynie, d'ap. P. Mignard.

1094. D'Anglure de Bourlemont, d'apr. Ferdinand.

Rembrandt.

990. Homme sous une treille (257), belle épr. Collect. *Revil*.

991. Vieillard mettant la main à son bonnet (259), 1re

état avant que la planche n'ait été terminée, par Schmidt, de Berlin.

992. Jeune homme assis et réfléchissant (268).

993. Renier Ansloo, ministre anabaptiste (261), épr. sur papier du Japon.

994. Clément de Jonge, marchand d'estampes (272), belle épr. du 1er état.

995. Jean Lutma (276), rare et superbe épr. du 1er état avant la croisée et le nom de Rembrandt; elle est d'une grande vigueur de ton, le fond est non ébarbé. Cette épr., sur papier du Japon, avec marges, vient des collect. *Astley* et de *Claussin*.

996. La même estampe, belle épr. du 1er état; le fond ébarbé.

997. Éphraïm Bonus, dit le Juif à la rampe (278), superbe épr. du 2e état.

998. Jean Sylvius (280), belle épr. avec marge. Collect. *Donadieu*.

999. Utembogard, dit le peseur d'or (281), épr. sur papier du Japon. Collect. *Graves*.

1000. Portrait du bourgmestre Six (285), magnifique épr. du 2e état d'une des plus rares estampes de Rembrandt; elle est sur papier du Japon. Collect. *Robert-Dumesnil*.

1001. Un Oriental (c'est le portrait de Cats, précepteur de Guillaume III de Nassau, prince d'Orange (386).

1002. Homme avec chapeau à grands bords (311).

— * Paysage à la tour carrée (218).

— * Paysage au dessinateur (219).

— * Le bouquet de bois (222), très rare.

— * La grange à foin (224), 3e état, plus la contre-épreuve.

— * La barque à la voile (228).

— * L'abreuvoir (231), 2e état.

— * Le moulin de Rembrandt (233).

— * La campagne du peseur d'or (234), morceau rare.

— * Le canal aux cygnes (235).

— * Le paysage au bateau (236).

— * L'abreuvoir à la vache (237), sur papier de Chine.

— * La vue d'Omval (209), 1er état, avant une espèce de treffle dans le ciel à droite; cette belle épr. est sur papier à la folie.

— * Le chasseur (211), belle épr. du 2e état, d'un morceau rare, d'apr. Gerbrand Van-den-Eeckhout.

— * Portrait d'un jeune homme (60), très belle épr., d'un morceau rare. Collect. de M. *Robert-Dumesnil.*

Robert Strange.

1119. Cléopâtre, d'apr. le Guide; épr. avt l. l.
1120. La Fortune, d'ap. le Guide; rare épr. avt l. l.
1121. Didon sur le bûcher, d'apr. le Guerchin; épr. avt l. l.

1122. La Douceur et la Justice, d'après Raphaël; deux estampes, épr. avt l. l.

1123-1124. Vénus couchée, d'apr. le Titien; Danaë, d'apr. le même, deux estampes; rares épr. avt l. l.

1125. Charles Ier, roi d'Angleterre, en pied et en manteau, d'apr. A. Van-Dyck, rare épr. avt l. l.

et avant quelques travaux sur les pieds et à la moustache du personnage.

1126. La même estampe, av[t] l. l., entièrement terminée. Cette estampe et la précédente sont vierges de marge.

1127. Charles Ier, d'apr. Van-Dyck, 1re et très rare épr. av[t] l. l., avant la planche ébarbée des essais de burin et avant quelques travaux dans plusieurs parties de la composition.

1128. Henriette d'Angleterre, femme de Charles Ier, et ses enfants, d'apr. A. Van-Dyck, 1re et rare épr. av[t] l. l., et avant que le collier de perles qui est sur la table, à gauche, n'ait été gravé.

1129. Les deux mêmes estampes, épr. av[t] l. l.; elles sont, ainsi que la précédente suite, avec toutes marges.

— * L'Amour couché, d'apr. le Guide; épr. av[t] l. l.

Suyderoëff.

1142. Le bal, d'apr. Ostade.

1143. Ferdinand III, empereur d'Autriche.

1144. Albert, archiduc d'Autriche, d'apr. Rubens.

1145. Jean, duc de Bourgogne, dit l'Intrépide.

1146. Philippe Ier, duc de Bourgogne.

1147. Philippe II, roi d'Espagne, d'apr. Ant. Moro.

1148. Philippe III, roi d'Espagne.

1149. Portrait de Liber, baron de Haslang.

1150. Portrait de Jean Post, d'apr. Hals.

William Woollett.

1290. Tobie et l'ange, d'apr. Lairesse et Glauber, épr. av[t] l. l.

1201. Le matin et le soir, deux estampes, d'apr. Suanewelt, par Woollett, Smith et Pouncy, épr. av^t l. l.

1292. Macbeth, d'apr. Zuccarelli, épr. av^t l. l., sur papier de Chine.

1293. *The cottagers* (les habitants des chaumières), *the jocund peasants* (les paysans joyeux), deux pièces d'apr. Du Sart, épr. av^t l. l.

1294. Le chien d'arrêt espagnol, d'apr. Stubbs, épr. av^t l. l.

1295. *Schooting*, la chasse au fusil, suite de quatre estampes dites les quatre temps de la chasse, d'apr. Stubbs, épr. av^t l. l.

1296. *The fischery*, d'apr. R. Wright, épr. av^t l. l. et sur papier de Chine.

1297-1298. Cicéron à sa maison de campagne, la solitude, deux estampes d'apr. R. Wilson, épr. av^t l. l., et vierges de marge.

1299. Céladon et Amélie, et Ceyx et Alcione, deux estampes, d'apr. R. Wilson, épr. av^t l. l.

Robert Nanteuil.

843. Henri, duc de Nemours (199), 1er état.

844. F. Théodore de Nesmond (201).

845. Ferdinand de Neuville (204), 1er état.

846. Nicolas Potier de Novion (207), 2 état.

847. André Lefèvre d'Ormesson (209), 2e état.

848. Hardouin de Péréfixe de Beaumont (212), 2e état.

SIXIÈME VACATION.

Jean Visscher.

1203. Le tâtonneur, d'apr. Ostade.

1204. Portrait de Pierre Proëlius, d'apr. Van Noort.

1205. Les joueurs de trictrac sous la treille, d'apr. A. Ostade, rare épr. av[t] l. l.

1206. Le dévideur et la fileuse, d'apr. Ostade, deux estampes, d'apr. Ostade, rares épr. av[t] l. l.

1207. Abraham Bloemaert.

1208. Abraham Van dez Hulst, vice-amiral.

Lambert Wisscher.

1209. Carel Raberhaup, gouverneur de Groningue.

1210. Antonius Vande Placet, d'apr. Z. Weber.

Robert Nanteuil.

849. Hardouin de Péréfixe de Beaumont (214), 1er état.

850. Pierre Poncet (215), 1er état.

851. Regnauldin (216), 1er état.

852. Jean-François Sarrazin (220), belle épreuve du 2e état.

853. Georges de Scudéry (221), 1er état.

854. Séguier de Saint-Brisson (224).

855. François Servien (225), 1er état.

856. Jean-Baptiste Van Steeberghen, dit l'avocat de Hollande (226), 1er état.

857. Denis Talon (228).

858. La même estampe.

859. Claude Thévenin (231), belle épreuve du 2e état.

860. Le vicomte de Turenne, maréchal de France (233), belle épreuve du 4e état.

Rembrandt.

1003. Un buste de vieillard (312), épreuve sur papier de Chine.

1004. Le fils de Rembrandt (338).

1005. Le nègre blanc (339), pièce rare.

1006. La grande mariée juive (340), belle épreuve du 3e état.

1007. Étude pour la mariée juive (341).

1008. Jeune fille tenant un panier (356), morceau rare.

1009. Un vieillard vu jusqu'aux genoux, morceau non décrit gravé dans le goût de Rembrandt.

Jean-Georges Van Vliet.

1213. Loth et ses filles, d'apr. Rembrandt (1), très belle épreuve avant les contretailles dans le fond sur le rocher. Bartsch ne signale pas cette différence.

1214. La même estampe avec les contretailles.

1215. Ecce Homo (7).

1216. Saint Jérôme, d'apr. Rembrandt (13), belle épr. d'une pièce capitale du maître.

1217. Le vendeur de chaussons (17).

1218. Les débauchés (16).

1219. Vieille femme lisant, d'apr. Rembrandt (18), très belle épr. d'un morceau très fini.

1220. Buste d'un officier (20).

1221. Les cinq sens (27 à 31), cinq estampes.

1222. Les arts et métiers, suite de dix-huit estampes (32 à 49).

1223. Mathématicien (50).

1224. Les joueurs de trictrac (54).

1225. L'arracheur de dents (53).

François Vivarès.

1241. Vue des environs de Naples, d'apr. Claude le Lorrain, épr. av[t] l. l.

1242. Le château enchanté, d'apr. Claude le Lorrain, épr. av[t] l. l.

William Woollett.

1300. Phaéton, d'apr. R. Wilson, épr. av[t] toute l.

1302. Apollon et les Saisons, d'ap. R. Wilson, épr. av[t] l. l.

1303. Paysage, morceau dit le dessinateur, d'après G. Smith, rare épr. av[t] l. l.

1304. La première scène de la fille du moulin, d'apr. Richard, épr. av[t] l. l.

1305. Didon et Enée, d'apr. Mortimer, épr. av[t] l. l.

1306. Méléagre et Atalante, d'apr. Wilson, par Woollett et Pouncy.

1307 Le printemps, d'apr. Jones, épr. av[t] l. l.

1308. L'été (*), d'apr. G. Smith, épr. av[t] l. l.

1309. L'hyver, d'ap. G. Smith, épr. av[t] l. l., *signée Jean-Georges Wille.*

Jean-George Wille.

1256. La liseuse, d'apr. G. Dow, épr. av[t] toute l.

1257. Observateur distrait, d'apr. Scalken, épr. av[t] toute l.

1258. La bonne femme de Normandie, d'apr. Wille fils, épr. av[t] l. l.

(*) C'est par erreur que l'Été est indiqué manquer au catalogue, c'est l'Automne qui manque à la suite.

1259. Jeune joueur d'instrument, d'apr. Miéris, épr. av[t] l. l.

1261. Le repos de la Vierge, d'apr. Dietricy, épr. av[t] l. l. Collect. *Nau.*

1262. Agar présentée à Abraham, d'apr. Dietricy, épr. av[t] toute l. et sur papier de Chine.

1263. La tante de Gérard Dow, d'ap. ce maître, épr. av[t] l. l.

1264. Le sapeur des gardes-suisses, d'apr. Wille fils, épr. av[t] l. l.

1265. Philosophe du temps passé, d'apr. Wille fils, épr. av[t] toute l.

1272. Portrait du marquis de Marigny, d'apr. Tocqué, épr. av[t] toute l.; rare.

1273. La même estampe avec l. l., mais avant les mots *pour sa réception à l'Académie*, etc.

1274. Messire Antoine de Singlai, prêtre, d'apr. Ph. de Champagne, épr. av[t] l. l.

1275. La même estampe avec l. l.

1276. François Quesnay, médecin, d'apr. Chevalier, épr. av[t] l. l.

1277. René Berryer, lieutenant de police, d'apr. Délyen, belle épr. signée de Wille.

1278. Jérôme Van Erlach, d'apr. Ritter Ruscat, épr. avec l'inscription en allemand.

1279. Jean-Baptiste Massé, peintre, d'apr. Tocqué, épr. av[t] toute l.

Estampes de divers maîtres qui ne sont pas décrites au Catalogue, ayant été acquises depuis sa rédaction.

Perigrini. — (Bartsch, vol. 13, pag. 206).

— * Enfant assis (1). A la branche d'un arbre à droite,

la tablette, avec la marque et l'année 1511. Pièce très rare.

Le Maître au Caducée.

— * Judith (1).

Anonyme, école italienne, fin du XVe siècle.

— * Sainte-Famille. La Vierge est assise à gauche, l'Enfant-Jésus couché sur ses genoux; à droite, saint Joseph debout, appuyé contre un arbre; dans le fond, les Mages et leur suite descendant d'un chemin pratiqué dans des rochers montant jusqu'au haut de la composition. A droite, derrière la Vierge, l'étable près de laquelle sont des bergers le bâton à la main. En avant, au premier plan, des lapins et des sauterelles. Cette pièce, que ne décrit pas Bartsch, est de la plus grande rareté. Elle est gravée dans le goût de B. Montagna (haut. 27 c., larg. 23 c.).

Jules Campagnola.

— * Femme nue couchée sur une draperie; elle paraît dormir la tête appuyée sur un tertre. Dans le fond, des arbres; à droite, à gauche, des fabriques (l. 18 c., h. 11 c.). Pièce rare, non décrite par Bartsch; elle vient de la collect. *Ottley*.

Anonyme, École Italienne.

La Fortune. Elle est debout sur un globe posé dans une barque entourée de dieux marins, tritons, naïades, etc.

C. Reverdino.

— * Vulcain surprenant Mars et Vénus (19), très belle épr.

A. Van Ostade.

— * Paysan avec une petite toque noire (1); paysanne qui rit (2); belles épr. av[t] le trait carré.

— * La tendresse champêtre (11), les fumeurs (13); deux pièces, anciennes épr.

— * Le joueur de vielle (8).

— * Gueux enveloppé d'un manteau (22); la dévideuse à la porte de sa maison; deux pièces, anciennes épr.

— * Homme et femme marchant ensemble (24); la chanteuse (30); deux pièces, anc. épr.

— * Les pêcheurs (26); les deux commères (40); deux pièces, anc. épr.

— * L'émouleur (36); belle épr. av[t] le trait carré renforcé.

Rembrandt.

— * Synagogue des juifs (126); trois épr. de différents tirages, une imprimée en rouge.

— * Le joueur de cartes (136); trois épr. de trois différents états; 1re moins travaillée; 2me, l'ombre de droite, derrière la tête de l'homme, est recouverte de tailles; 3me, le fond entièrement ombré.

— * Le cochon (157).

— * Paysan debout (180).

— * Figures académiques (194).

— * Vieillard à grande barbe et bonnet fourré (162).

— * Portrait de Jean Antonides Vander-Linden (264), 3e état; deux épr., une sur papier du Japon.

— * Janus Sylvius (266).

— * Jeune homme réfléchissant (268).

— * Abraham France (273), 5e état.

— * Jean Asselin (277) ; 3e état.

— * Homme en cheveux (289).

— * Homme avec chapeau à grands bords (311).

— * Philosophe avec un sablier (318). Ce morceau est gravé en bois ; c'est le seul que Rembrandt ait gravé de cette manière. Il est très rare.

— * Buste de vieillard (333).

— * Vieille femme assise (344).

École de Rembrandt.

— * Kermesse avec charlatan (18); très belle épr., d'un très joli et rare morceau.

Bramer (attribué à).

— * Une malle, des vidercoms, et divers autres objets placés sur une table ; pièce gravée à l'eau-forte. On lit au haut à gauche : *Matham excudit.*

Un très beau meuble à portefeuilles. Il est en acajou, s'ouvrant de trois côtés, et contenant des deux bouts des tiroirs à coulisse pour vingt portefeuilles, et a un grand côté pour huit portefeuilles. Ce meuble porte 1 mètre de hauteur sur 1 mètre 75 centimètres de longueur, 83 centimètres de largeur. Il sera vendu avec vingt-huit albums de papier blanc, demi-reliure, dont vingt-six de 68 centimètres sur 54 centimètres de hauteur, et deux de format grand-aigle.

IMPRIMERIE DE VINCHON, RUE J.-J.-ROUSSEAU, 8.

www.ingramcontent.com/pod-product-compliance
Ingram Content Group UK Ltd.
Pitfield, Milton Keynes, MK11 3LW, UK
UKHW022141170726
13837UKWH00004B/1701

9 782329 076843